LYRIK DES XXI. JAHRHUNDERTS

FRANKFURTER BIBLIOTHEK

Gründungsherausgeberin Giordana Brentano

Dritte Abteilung

Die Lyrik des XXI. Jahrhunderts

12.

Die besten Gedichte

Ausgewählte Gedichte aus der
Frankfurter Bibliothek
Bearbeitet von Jana Gengnagel

FRANKFURTER LITERATURVERLAG

FRANKFURT/M WEIMAR LONDON NEW YORK

Die besten Gedichte 2015/2016

———

Ausgewählte Gedichte

aus der

Frankfurter Bibliothek

Bearbeitet von Jana Gengnagel

FRANKFURTER LITERATURVERLAG
FRANKFURT/M WEIMAR LONDON NEW YORK

Diese Buchausgabe der Edition
Lyrik des XXI. Jahrhunderts
wurde mit einer Goudy Old Style gesetzt,
im Bogenoffset gedruckt
und in Fadenheftung gebunden.
Alle verwendeten Materialien
entsprechen alterungsbeständiger Qualität,
und die Papiere sind chlor- und säurefrei.

© 2016 by FRANKFURTER LITERATURVERLAG

ISBN 978-3-8372-1736-0

FRANKFURTER LITERATURVERLAG
Ein Unternehmen der
FRANKFURTER VERLAGSGRUPPE
AKTIENGESELLSCHAFT
In der Straße des Goethe-Hauses
Großer Hirschgraben 15

60311 Frankfurt a.M., Tel. 069-408940
www.frankfurter-literaturverlag.de

Vor dem Ziel!

Einen kurzen Vergleich aus Afrika
erzähl ich euch passt wunderbar!
Da gibt es Leute die Affen fangen,
doch dazu haben sie keine Zangen,
nur eine große Flasche mit einem engen Hals,
da kommt eine Banane rein und falls
der Affe rein greift um die Frucht
sie rauszubringen er versucht!
Doch die Banane die steht quer
er schüttelt die Flasche hin und her,
er lässt nicht aus dieser blöde Aff´
und solche gibt´s in jedem Kaff!

Afra

Lebens-Kunst im multimedialen Zeitalter

Geschrieben in den Tagen
Als sich Gedenkfeiern zum Ausbruch
Des Ersten Weltkriegs vor 100 Jahren
Mit aktuellen Fußball-WM-Fragen
„Für Millionen" multimedial und global im
    Wechsel den Rang abjagen!
Dabei kontrolliert die Kommunikation „Smart-
    Phone" an jedem Ort.
Es identifiziert und klassifiziert jede Person
    sofort:
Als sachlich Interessierten oder pessimistischen
    Spielverderber!

Lebens-Kunst in solcher Zeit
Beruht auf einer ganz besonders tiefen
    Naturverbundenheit,
Denn Individualismus erfordert viel Mut
Und geradezu
Winterlichen Selbstrückzug.
Die Gunst dieser geheimnisvollen Zeitlosigkeit ist
Innere Freiheit!
Gelegenheit, um mit Verstandeskräften
Seele und Lebenswillen zu harmonisieren
Für Gemütsruhe.

Aurelia (*1956)

Geigen der Hoffnung ...

Inmitten
Des Grauens
Lichtblicke...
Momente der Freude
Vergessen
Nur im Moment
Im Jetzt
Der Ton einer Geige
Im Schrecken des Alltags
In finsterer Baracke
Lässt innehalten
Widerstand mit Musik
Welch schöne Idee!
Trost
Zum eigenen
Zur Unterhaltung
Der Anderen Seite
Kurze Augenblicke
Frieden...
Befreiung
Kraft zum Weiterleben!

Barbara Auer-Trunz (29.1.2015)

Klingende Stolpersteine
Amnon Weinstein sammelt Geigen, die von

verfolgten Juden gespielt wurden. Jetzt sind sie in einer Ausstellung in der Berliner Philharmonie zu sehen.
Die Berliner Philharmonie spielte in diesem Jahr mit diesen Geigen...

Mein Frühling

Gräser, ganz die feinen,
wiegen zärtlich sich im Wind.
Libelle, glitzernd bläulich,
tänzelt still im Lebensglück.
All die lieben Frühlingsblüten
neigen sich zum Lichte hin.
Still bin ich und lausche
zu den frohen Sommerträumen hin.

Anne Beck

Treibgut

Manchmal fühlen wir uns
wie ein schlingerndes Boot
in den Strudeln des Lebens.
Doch einer hält uns.

Manchmal scheinen wir hilflos
dem Brodeln und Gären und Wallen
wirrer Mächte ausgesetzt.
Doch einer fängt uns auf.

Selbst wenn wir trudeln,
taumeln oder uns winden,
wenn wir irrlichtern in Nebeln
– einer hat sich schon längst
dieses Treibguts angenommen.

Wir sind geliebt.

Gudrun Beckmann-Kircher (*1954)

Psalm

Der Allmächtige erhört mich
in meiner tiefsten Seele,
in meinem Sehnen nach Weisheit
und unserer Liebe voll Gnade.

Der Ewige schenkt die Sterne,
er prüft unsere Herzen,
herrscht über Himmel und Erdreich,
sendet die Sonne in das Leben.

Seine Erleuchtung ist golden,
hell wie der runde Mond,
sei gepriesen wie die Schöpfung,
wehe Frieden in unsere Welt.

Urte Behnsen (*18.07.1957)

Thi

Thi, Du zauberhaftes Wesen –
Spiegel meiner Seele Du.
Nur durch Dich kann ich genesen,
Nur bei Dir komm' ich zur Ruh'.

Du bist alles was ich habe,
Du bist, die mein Herz berührt.
Thi – nie hörst Du eine Klage,
wenn Dich etwas von mir führt.

Thi – Du meine große Liebe
Bist noch sanfter als ein Reh.
Nie empfing ich von Dir Hiebe;
Und grad das tut mir so weh.

Thi hat viele kleine Schwächen,
Doch just deshalb lieb' ich sie.
Nie wird sie das Herz mir brechen;
Sie ist gut – sie weiß nicht wie.

Thi – nie könnt' ich Dich entbehren,
Will auf immer Dein nur sein.
Kannst nicht länger Dich verwehren:
Zieh' doch endlich bei mir ein!

Ferdinand Paul Bigos

Bald kommt der Herbst

Der Himmel ist blau,
von Wolken durchzogen,
noch grün ist der Wald,
doch die Felder sind kahl,
denn der Herbst kommt bald.

Der Sonne Strahlen verbrennen
die Blätter vom Grünen ins Welke,
ins Gelbe, ins Braune,
und dürr ist's im Baume.

Dann regt sich die Luft und der Wind
spielt im Wald und er rauscht
und rüttelt und schüttelt
das Laub in den Staub zur Erde hinab
in ein weites Grab.

Die Bäume sind kahl und nackt
und traurig, so wie mein Herz
vom sehnsüchtigen Schmerz,
denn der Sommer nimmt Abschied
und kehrt nicht so bald,
und der Herbst ist im Wald.

Klaus K.T. Bitterauf (*1936)

Donau
für Daniel

In einer dunklen Nacht,
hast du mich zum Lachen gebracht,
du hast so viel mit mir an der Donau gemacht,
hab nie groß über dich nachgedacht.

Hand in Hand liefen wir an der Donau entlang,
als das Gefühl der Verliebtheit in uns eindrang,
wir waren wie das Reisen der Strömung so wild,
waren es aufregende Gefühle anfangs jetzt sind
sie mild.

Das Schimmern des Wassers der Donau war
faszinierend,
so war das Gefühl für uns neu und erfrischend,
dieser Ort hat uns tief zusammen geführt,
hat uns eine tiefe verbundene Liebe geschürt.

Die Donau bedeutet für uns Strom des Lebens,
wir irrten steht's umher vergebens,
haben uns an der Donau wieder gefunden,
sind immer tief und fest aus Liebe aneinander
gebunden.

Lenya Blutmond (*1988)

Schlaf

Die Welt ringsum bekannt zu machen,
beide Ufer sehen im weiten Meer allein,
das Schiff, aufgerichtet im Sturm,
Sinneskraft, die noch übrig bleibt,
zu nützen, der Dämmerung folgend,
die alte Stadt verlassen,
fensterlose Fassaden, verlöschte Feuer,
Sterne leuchten, während sich das Wasser
überm Haupte schloss.

Tages Anbruch, keine Helle,
Finsternis von allen Seiten,
süße Frucht auf vielen Zweigen
gewährt dem Hunger Frieden heut',
bei jedem Schritt zum Flug die Federn
    wachsen,
ein Engpfad und ein Steilpfad,
keine Sonne, die ins Antlitz leuchtet,
kommt der große Schlaf,
kommt jung und still daher.

Günter Bucher

Hell

Stille, du Gluten
eines reineren Seins,
wo hell Stunden verbluten
eines Gottopfersteins

Stille, du klare
ohne Nicht oder Sein,
Stunde, du wahre
rundest dich rein

Joseph Buhl

Ohne ein Wort

Die Welt ist nur
Einen Strohhalm entfernt.
Die Sonne ein beißendes Weiß.

Trockenen Auges blicke ich
Auf die flimmernde Wand
Die dich still verbirgt
Mein Leben lang.

Weiß die Wolken die mich umfangen
Feucht und warm
Salzig schmecken meine Lippen
Meine Gedanken kreisen ziellos
wabernd züngelnd tänzelnd
auf und ab entlang der Wand.

Unsichtbar das weiße Band.

Rebecca Burgmann (*1968)

Der Traum vom Meer

Sommerwind streicht sanft durchs Haar,
Wenn die Meereswellen rollen.
Bunte Kinderscharen tollen,
Am Stand, der Himmel ist ganz klar.

Möwen kreischen um die Wette.
Dünengras biegt sich im Wind.
Wär ich doch noch einmal Kind,
Ich trüge eine Muschelkette!

Einsam wird es an der See,
Wenn die letzten Sonnenstrahlen,
Ich würde sie so gerne malen,
gezaubert von der Küstenfee.

Ein letztes Mal dreh ich mich um,
Noch einmal diesen Duft genießen!
Die Wogen nun zusammenfließen,
Zu einer Welt um mich herum.

Petra Conte-Sansi (*1977)

Zweistimmig

Kein Ton, kein Klang,
ein leises, dumpfes Geräusch
in stimmloser Luft.

So weiß, federleicht segelt
die Flocke, dem Wind verpflichtet,
berührt kaum den Boden.

„Wasserdampf, sublimiert",
sagt er. „Aus Schneekristallen
entstanden."

So zierlich, so leicht bewegt sich
die Flocke auf eine der Rosen
zu, die am Strauch überwintert.

Sie hebt sich, vom Wind getragen,
auf eine der Blüten. Zweistimmig
jetzt, verfehlt sie den Klang nicht mehr.

Renate Dalaun

Herbst

Frühling und Sommer meines Lebens sind
    vergangen.
Jetzt hat für mich der Herbst schon
    angefangen.
In meinen jungen Jahren freute ich mich
auf den Frühling und den Sommer sicherlich.
Heute ist der Herbst meine liebste Zeit im Jahr.
Ich finde ihn ganz einfach wunderbar.
Auch wenn die Tage kürzer sind,
freu ich mich auf ihn wie ein Kind.
Wenn die Natur zieht an ihr schönstes Kleid,
ist endlich da die schöne Herbsteszeit.
Wenn die Blätter fallen von den Bäumen,
lässt es sich so herrlich träumen.
Die Herbstsonne will den reifen Reben
die letzte Süße in den Wein jetzt geben.
Ich hoffe, dass der Himmel an mich denkt
und mir in meinem Leben noch viele
    Herbstmonate schenkt.
Ich weiß, das Leben ist so wie es eben ist,
dennoch bleibe ich ein Optimist.

Anita Dickhaeuser (*1935)

Alle Jahre wieder

Jedes Jahr das gleiche Spiel
mancher Mensch der wünscht sich viel
zum neuen Jahr und überhaupt
auch wenn er selber nicht dran glaubt.

Nicht mehr rauchen, nicht mehr trinken
viel mehr Obst und wenig Schinken,
sportlich werden und Kultur erleben
wiedermal auf Wolke 7 schweben!

Was aber ich mir wünsche kann ich sagen,
Glück und Frieden an allen Tagen,
ich möchte bleiben wie ich bin
alles andere hätte keinen Sinn!

Möchte die Ecken und Kanten behalten
die neueren und auch die alten,
meine Fehler und die Macken
die mich liebenswürdig machen!

Meinen eignen Weg zu gehn
Licht am Tunnel dann zu sehn,
möchte lachen, spinnen wie ein Kind
und vor Liebe manchmal blind!

Manuela Dietze

Ob schön oder schlecht
gut oder böse
lang oder kurz

das kann so manches sein
egal ob groß oder klein
manchmal wahrt es einen Schein

So vieles kann ein Geheimnis sein

Jasmin Düringer (*1992)

Die offene Tür

Ich bin
Vor einer
Offenen Tür
Stehen geblieben.

Die schönsten
Landschaften
Strahlen
Im Sommerlicht.

Gestalten
Ohne Umrisse
Laden ein.

Gedanken
Drehen sich
Im Kreis,
Wie Fragen
Ohne Antworten.

Ich stolpere
Und bin gestürzt,
Stehe doch wieder auf.

Die Tür
Ist
Zugegangen.

Im Obstgarten
Werden
Die reifen Früchte
Gepflückt.

Ein erschreckter
Vogel fliegt
Auf.

Das Rad
Der Spieluhr
Dreht sich
Weiter.

Al Dutkon

Nun steh ich hier, ich armer Thor,
Mach ich mir doch nur etwas vor.
Ein Monat wird schon bald verstreichen,
Doch werd ich von der Tür nicht weichen.

Mit sachten Händen klopf ich an,
„Besetzt!", ruft nur der Nebenmann,
Ich will herein und das erpicht,
Doch denkst du, das stört mich nicht?

Und wie's das tut!

Mit jedem Schlag,
Den ich hier tu,
Find ich selbst mehr keine Ruh ...
Dass ich mich nur noch minder mag.

Mit aufgeduns'nen Händen
Schmier ich mit Herzblut an den Wänden.
Man sagt, die Zeit heilt alle Wunden,
Doch hat sie persönlich mich geschunden.

Linus Ehle (*1995)

Atemberaubendes

Hoch in den Lüften schwingen,
all' bunt' Gefieder – wunderbar.
Und ihr Zwitschern klinget klar,
zwischen Päonien und Syringen.

Ergötzet Euch der schönen Klänge,
damit Eu'r Herz nicht Trübsal blase.
Folgt Mümmelmanns Haken mit Eurer Nase,
und höret der Natur Gesänge.

Martin O. Ehrler (*1966)

Abendglühen

Die Esse ist des Schmiedes Arbeitsort,
hier wirkt er eifrig fort und fort.
In heißer Glut wird dann erhitzt das
 Eisenstück,
zur neuen Form gehämmert mit viel Glück.

Die Funken sprühen weit hinaus,
bald sieht das Eisen anders aus.
Feuer, Wasser, Luft und Erde,
auf dass dann neues Leben werde.

Der Himmel brennt, die Wolken glüh'n.
Oh, ist das göttlich anzuseh'n!

Der Himmel strahlt im warmen Licht,
und ich verneige mein Gesicht
vor so viel Wunder, so viel Herrlichkeit.
Entzückt ich öffne meine Arme weit.

Inge Alice Fabricius-Glahé

Heimkehr

Gast warst Du unten auf den irdischen
 Straßen.
Auf jenes Leben gerichtet hast Du all Deine
 Sinne.
Du weißt es ist Heimat – doch Du fühlst Dich
 verlassen.
Man fragt Dich nun nach der neuen Heimat
 Gewinne.
Mit großer Hoffnung wurdest Du ins Leben
 gesandt,
um für den Himmel zu gewinnen im „düsteren
 Land".
Eine Aufgabe wurde mit ins Leben gegeben,
um eine weitere Stufe aufwärts zu streben.

So mancher Heimkehrer zurück vom Leben,
sieht zu spät, dass falsch war sein irdisch Streben.
Fragst Du nach Ihm der Dich einst ausgesandt?
Das Rätsel kannst Du lösen in Deinem irdisch
 Gewand.

Peter Felix (*1957)

Die Welt ist eine Pulverfabrik, in der das
Rauchen nicht verboten ist
                              Friedrich Dürrematt

Warum ist alles so? Warum nicht anders?
Warum die halbe Welt in Flammen treibt?
Die Menschen sterben. Völker wandern.
Auf Frieden keine Hoffnung weit und breit.

Die Erde ist getränkt mit Tränen und mit Blut
Noch ist sie blau und grün,
Noch ist sie keine Wüste,
Aber mit jeder Träne, jedem Tropfen Blut
Wird sie unheimlicher und düster.

Und eines Tages ist es dann soweit:
Die Erde rot und gelb – eine globale Wüste
Und niemand sieht das Elend und das Leid
Weil wir sie nicht beschützt und nicht zu
    schätzen wussten.

Die Erde wird sich weiter drehen wie in Trance,
Sie ist im Raum und in der Zeit gefangen
Und irgendwann bekommt sie eine Chance,
vielleicht, ein neues Leben aufzufangen.

                              Elfriede Galwas

Liebeszauber

Dir zu begegnen ist
als hätt der Himmel die Erde geküsst
wie in den Schimmer einer Mondnacht gehüllt
jeder Atemzug sinnerfüllt
sich mit samtenen Lippen berühren
dabei vollkommene Glückseligkeit spüren.

Ein starker Mann – eine anschmiegsame Frau
im Duft der Weiblichkeit versinken
von Männlichkeit umschlungen
sich fühlen wie wolkenloses Himmelblau
noch nie war Sehnsucht so wunderbar.

Jeder Tag ist aus Sonne gemacht
beseelt von dir letzte Nacht
der Verstand macht Pause
das Herz ist klar
so werden Träume wahr!

Nach Hause gekommen mit strahlendem Gesicht
beschützt und unendlich dankbar –
einfach Stille – schön dass es dich gibt!

Birgit Gessner

Das Taubenwunder

Es war, im Märchenwald im Winter,
sie trabte so vor sich hin,
Energie zu tanken, hatte sie im Sinn.
Der Wald wie tot, fast schien er finster.

Plötzlich stieb vor ihr auf ein Schwarm von
 Tauben,
– erzählte sie dies, niemand würd's ihr glauben!

Zwanzig Tauben waren es, ein ganzer Schwarm,
flogen auf und ließen sich nieder.
Sie lief weiter und weiter, – schaute wieder –
und sah: Sie saßen da auf Ästen, bewegten sich
 nicht,
mucksmäuschenstill saßen sie, dicht an dicht.

So, als wollten sie ihr Wichtiges sagen:
Lauf' nur ruhig weiter und fürchte dich nicht.

Richmuth Görz (*01.03.1940)

Zuneigung

Ja, hab' ich Dich,
so hab' ich alles,
wess' ich bedarf auf dieser Welt.
Wer hat,
wie hab' ich das verdienet,
dies' große Glück für mich bestellt?

Der Katalog

Es war einmal ein Katalog,
aus dem sie nichts bestellte,
was ihren Gatten wunderte
und sein Gesicht erhellte.

Sigurd Göttlicher

Erotik

Still verborgen ist der Platz, dunkelgrün und weich das Moos,
träumend, liegen wie auf Wolken
und mein Kopf ruht sanft in deinen Schoß.
Herrlich dieser Sommerabend
und am Horizont die Sonne stirbt,
taucht die Felder, Wiesen, Auen, goldenrot in Blut.
Zärtlich suchend unsre Hände, Lava strömt durch uns hindurch,
Glut, Gefühle, eine Hitze reißen mit uns in die Flut.
Tastend finden wir zusammen, Schatten sind nur noch zu sehn,
fordernd treffen sich die Lippen
und die Welt scheint still zu stehn.
Prickelnde Erregung, auf der Haut liegt feucht der Schweiß
und den Widerschein der Sterne, silbrig, kleinen Funken gleich,
kann ich schimmernd in den Haaren und in deinen Augen sehn.
Eng umschlungen liegen wir zusammen,
Moos klebt kitzelnd überall und für unsre Gänsehaut alleine,
liegt die Schuld nicht nur am Wind.

Fast verschämt durch dichte Blätter
blickt verstohlen, fahl der Mond und ganz kurz
   in seinem Lichte,
sieht, wie eins wir uns doch sind.

Wolfgang Gregorszewski

Finsternis

Dunkel, feucht und modrig
Gebettet in einem tief gegrabenen Loch
Die Seele nicht frei vom Körper
Gebunden an das ewige Joch
Schmerzende Finger umklammernd
Erinnerung an tausend Messerstiche in mein
  Herz
An meiner Hand des Kindes Hand
Wunderschön als es noch am Leben
Mein Blick an ihm gebannt
Verflucht seid ihr ungläubigen Tyrannen
Ermordet durch Euresgleichen
Aus Furcht vor meinem Glauben
Welch Recht hat euch getrieben uns zu
  verbannen
Gestorben eines fürchterlichen Todes
Mir geschworen dies zu rächen
Niemals wieder Kinder zu gebären
Ausgesprochen der immerwährende Fluch
Möget ihr niemals ruhen
So wie ich niemals ruhen werde
Auf mein Gesuch

Michaela Gsenger (*1972)

Ein Tag im Leben
Haikus

Das Dunkel der Nacht
verblasst, das Licht des Morgens
webt ein neues Kleid.

Ein erstes Lachen
erklingt, Träume erblicken
das Licht der Sonne.

Licht fällt herab auf
das Wasser, das sich kräuselt
sanft im Morgenwind.

Ein Kleid aus Licht schenkt
der Tag dem Leben, Schatten
spendet mancher Baum.

Ein kleiner Stern am
Himmel erzählt vom Kommen
einer neuen Nacht.

Arno Häcker (*1957)

Abschied

Im letzten Abschied
verborgen bleibend
schwebt ein Schimmer Hoffnung
wie im Vakuum wartend
ob ein Wiedersehen freudig winkt
bangend
ob nicht im Kreise des Schicksals
der Funke Hoffnung
erlischt
im Nebel der Zeit.

Anneliese Haderer

Alles ist menschlich?!

Die Winter werden milder.
Vor Glätte warnen Schilder.
Doch überall auf Erden tobt Krieg.
Alle träumen vom Sieg.
Viele erleben Hunger und Not.
Nicht wenige wählen den Freitod.
PEGIDA hin, PEGIDA her –
Alles wäre nicht so schwer,
würden endlich schweigen die Waffen
und nicht so viele Ungerechtigkeiten klaffen.
Rechtfertigen Religionen Kriege und Waffen?
Nein, die Menschen stammen ab vom Affen.
Kluge Tiere – oder???

Jens Hamprecht

Herzschmerz

Mein Herz ist gebrochen.
Wegen dir.
Ich bin verletzt.
Wegen dir.
Ich weiß nicht mehr weiter.
Wegen dir.
Ich kann nicht weinen.
Wegen dir.
Doch ich bleibe hier.
Ich bleibe hier.
Wegen dir.

Christiane Harder

Immer wieder

Einen Sprachmusikanten nennt Hesse den
    Dichter
Wenn der Rhythmus lockt wie am Horizont die
    Lichter

In der Dämmerung am Meer
Und von weit her

Worte wehen
Und wieder vergehen

Wie Wiegenlieder
Die uns zum Träumen bringen
– immer wieder –

Marianne Hartwig

Schicksalsjahre einer „Lizzy"

Wie oft hast Du mich herausgefordert,
vom Glücklichsein zurück geordert.
Mein Lächeln im Ansatz eingefroren,
zur Kämpferin wurde ich geboren.

Die Freude schon im Keim erstickt -
schmerzvoll an die Wand gedrückt.
Das Schattenreich war meine Welt,
mir ging es nie um Gut und Geld.

Kannst Du haben, das schenk ich Dir -
bitt Dich nur, meine Liebe lass mir!
Doch auch das musstest Du mir nehmen
frag Dich, was ist das für ein Leben?

Seh dich vor mir - wie Du mich angrinst
weil Du gegen die kleine „Lizzy" gewinnst.

Ich sage Dir jetzt, ich beuge mich nicht
stolz und erhobenen Hauptes gehe ich,
zwar langsam aber ich bewege mich.

Kann ich das nicht mehr dann krieche ich
und muss ich mich auch einmal winden,
werde immer einen Weg für mich finden.

Elisabeth Haselmeyer

Zeit des Horchens

Glühende Hitze, verbrauchte Luft
verdorrte Ebene, sanfte Kluft
Vergessene Zeit wundersamer Rast
gefallene Bäume in einsamer Hast

Vergangenheit sind Getier und Sträuche
vorbei das Leben der heiligen Bräuche
Der Mensch nicht mehr auf der Erde weilt
zu gierig, zu mächtig ist er geeilt

Ruhendes Land, Feuer und Dürre
der Wind umnebelt's ganz kirre
Nur Verderb ist nicht von Dauer
das Leben beständig auf der Lauer

Langsam, stetig und bestimmt
erobern Geflechte das Labyrinth
Rauschendes Wasser, Pflanzen sprießen
Wird auch Getier die Natur genießen?

Die Zeit des Horchens ist gekommen
wenn die Spitze wurd' erklommen
Ein Höheres als hoch gibt es nicht
als das Leben selbst, ganz schlicht.

Marion Hensel

Herbstimpressionen

Geheimnisvolle Nebelschleier schweben
über Flüssen, Seen, Täler und an den Hängen
    der Berge und Hügel.
Die Nächte werden kühl und frostig.
Verlorener Sommer mit seiner Wärme und
    Farbenpracht.

Dagegen gibt es jetzt heftige Stürme, Regen
    und Kälte.
Vielfältige Farben des Sommers verändern sich
    in trauriges Graubraun.
Jedoch die Wälder mit ihren dunkelgrünen
    Tannen und Fichten
stehen im Kontrast mit lichtgelben,
    rotleuchtenden Laubbäumen.

Welch prachtvolle Farbpalette bringt der
    Herbst vor dem Absterben der Natur.
Felder werden bestellt und in den Wäldern
    wird Holz geschlagen.
Ruhe kommt über das Land,
nur das hässliche Gekreische der vielen
    Krähen stört.
Die Natur speichert ihre Samen und Kräfte für
    das kommende Jahr.

Der Mensch ist zufrieden, gelassen, satt, heiter
und froh nach guter Ernte.

Doch die Sehnsucht nach neuen
Ufern begleitet die Menschheit seit
Jahrtausenden.

Anni Hermann (*1935)

In memoriam
Uta Gerlach, geb. Hesse

An diesem trüben Morgen
eingeblendet dieses Bild
mit der kleinen Schwester.

Im blühenden Gras
am kleinen Fleet entlang.
Hahnenfuß und Irisblau.

Rainer Hesse

Der Rausch

Wellen brechen endlos,
ergießen sich am Strand,
beleben den Ozean,
wie rauschendes Blut.

Die Silhouette ist blendend klar,
ich bin gefangen in ihr.
Grobe Schatten verzaubern,
fesselnd wie Stahl.

Der Rausch ist verzweifelt,
Qual und Lebendigkeit zugleich,
Sinne betäubend, Sinne belebend,
wie eine Droge.

Nicht mehr als ein Windstoß
an einem heißen Sommertag.
Nicht weniger als eine Vollmondnacht
mit wolkenlosem Himmel.

Gedanken sind ergriffen.
Der Verstand scheint betrogen,
die Vernunft nie gefragt,
welch blinde Begierde.

Jennifer Heyna (*1996)

wiedersehen

ich versinke in deinen augen
meine hände sind ganz heiß
worte jetzt gar nichts taugen
eines nur ist's das ich weiß

dich will ich herzen und küssen
nach dieser langen zeit
nicht mehr abschied nehmen müssen
ist es nun endlich so weit

du legst um den hals mir die arme
ziehst mich ganz nahe zu dir
spür deine lippen die warmen
dann ist es geschehen mit mir

nicht denken mehr nur fühlen
fallen ins glück ganz und gar
mit dir das lager zerwühlen
eins sein mit haut und haar

volker hofmann (*1941)

Flüchtlingsblut

Flüchtlingsgrab:
Verbannt, verfolgt und erschlagen
Getränkte Wiesen und Wälder
Meeresgrund und Schlachtefelder
Verbrannt, Vergessen, - Ertragen

Flüchtlingslos:
Tote Väter, verlassenes Land
Von Heimaterde vertrieben
Meistens geschmäht und gemieden
Weinende Kinder – Unverstand

Flüchtlingserbe:
Immer nur vererbt von Müttern
Erinnerung aus Nebelwand
Suche nach Familienband
Kinder mit Geschichte füttern

Flüchlingshand:
Lässt manchen ferne Heimat finden
Ein Stück die Seele verstehen
Neben Fremden friedlich gehen
Alte Wege neu verbinden

Flüchtlingsweg:
Durch viele Länder mit Gewalt
In vielen Menschen unerkannt
Tief in die Lebensspur gebrannt
Wunderlich in mancher Gestalt

Flüchtlingsblut:
Lässt hoffen auf neuen Beginn
Habt Mut zu dem ersten Schritte
Nehmt es in unsere Mitte
Dann kann man erahnen den Sinn

des Flüchters Blut …
                         … birgt Hoffnung

Gisela Höft (*1954)

Schreckliche Herbstnacht

Blätter rascheln im Herbstnachtwind
Schreie ausgehend vom rennenden Kind
Sah ein Gespenst im Schatten der Nacht
Furcht hat es zum weglaufen gebracht

Beim Rennen klingt das Laub unter'n Füssen
Zu viel Angst Vorbeigehende zu grüßen
Bis zum Hals pocht das Herzlein
So allein und doch noch gar klein

Sterne leuchten den Weg ins Glück
Findet er bald nach Hause zurück
Steht eng umschlungen mit der Mutter
Gibt ihm Brot, Marmelade, Butter

Meint der Herbst ist wundervoll
An den Tagen supertoll
Doch was kalte dunkle Nächte bringen
Kann sie ein langes Lied von singen

Deckt nach dem Essen den Sohn zu
Wünscht hübsche Träume in voller Ruh
Gibt auf die Stirn ein Küsselein
Dem ausgerissenen Kindelein

Stefanie Holzberger

auch wenn es heute wieder
nur ein Traum bleibt
auch wenn ich heute wiederum
an meine Grenzen stoße
auch wenn ich heute
keinen Schritt weiterkomme
auf der Stelle trete
im Kreise drehe
im Nebel irre
herum taste
wie ein Blinder
will ich nicht aufgeben
werde ich nicht verzweifeln
trotz alledem
glaube ich
hoffe ich
vertraue ich

Karin Jahr

Stern der Ewigkeit

Aus der tiefsten ewigen Unendlichkeit
aller grenzenlosen Träume und Gedanken
tritt als Mysterium durch Raum und Zeit,
achtlos aller irdisch auferlegter Schranken,
geheimnisvoll deine Seele in mein Leben.
Niemals fremd, seit ewigen Zeiten vertraut,
bedingungslose Liebe in allem Bestreben
und Wiedersehen einst auf Hoffnung gebaut.
Mein magisch glänzender Stern der Ewigkeit,
wir bleiben verbunden durch Raum und Zeit.
Und wird einst meine Seele von hier gehen,
dann werde ich ewig an deiner Seite stehen.

Natunika Melina Jarow (*1973)

Letzter Flug im September
für Guido

Du verschwindest lautlos und hinterlässt
    Schreie!

Wirklichkeit hat mich überholt.
Möchte Abschied nehmen – weiß nicht wie.
Möchte Abschied nehmen – weiß von wem.
Möchte Abschied nehmen – weil ich muss!

Deine Verzweiflung kannte ich.
Deine Rufe waren leise.

Es steht mir zu, nicht zu verstehen.
Möchte begreifen lernen – weiß nicht wie.
Möchte begreifen lernen – weiß von wem.
Möchte begreifen lernen – weil ich muss!

Dein kurzer Flug ohne Illusionen und Flügel.
Lebenszeit innert Sekunden aufgebraucht.

Diesen Tag hätte ich mit Dir gerne verpasst!

Marianne Kesselring

Johannisnacht

Maida das Mädchen aus Bosnien
macht Wolfssprünge übers
Sonnenwendfeuer hat
Schmauchspuren an
Fingerkuppen und Stiefeln

schmal ihre Augen im
Lächeln liegt ihre Hand
eine Kuhle im Rücken
des Jungen im Tanz
knirscht der Sand

sieht sie sich und den
Jungen wie Tiere übers
Feuer springen ihre
Haare dem Körper folgen
ihr Mund beginnt zu singen

geborgen in der Schulter
des Jungen spürt sie den
Atem des Mannes über
sie gebeugt und das Kind
das keinen Namen hatte

Renate Kindel

Abschied vom Vater

Dein tagelanges Ringen ist vorbei …
Wir haben uns noch zugehört in jenen Tagen,
Zu deinem letzten Atemzug kam ich zu spät.

Nun steh ich vor der Kältebox,
in der du ruhst; klein, still und kalt.
Das weisse Hemd ist dir zu gross –
Und deiner Hände Geste wirkt so fromm.

Mutters Ring an deiner Hand,
ist wie ein Bündnis, das euch eint.
Der Morgen, in herbstlich goldenen Farben,
fällt aus dem Fenstergeviert auf dein Gesicht.
Ein letzter irdischer Gruss an dich,
der du gezeichnet warst von
schwerer Krankheit Bürde.

Du scheinst gelöst, ach wär ich's auch,
in diesen letzten Tagen,
die dir gehörten und der Trauer.
So geh in Frieden diesen letzten Weg.
Mutter erwartet dich, wird dir
Den Einstieg leichter machen,
wie unverrückbar oft, in alten Zeiten.

Ich stell mir vor, im Himmelsbild
Des Steinbocks, wird dein Atmen
Mir Sternennebel sein.

Christine Koeniger (*1942)

frau in Afrika
du hast nur armut und krieg
zu viele kinder
gegen hunger keinen sieg
und jeden morgen
beim wasserholen viel angst
die nachbardörfer
von den schlächtern schon verbrannt
sie werden kommen
du kannst den staub schon sehen
riechst verkohltes fleisch
aber du wirst nicht gehen
die kinder zu klein
du hast jetzt keinen mut mehr
dein mann zulang fort
du weißt er kommt nie wieder
und die welt schaut zu
hat nur angst um sich selber
zeigt falsches mitleid
und beruhigt sich durch gelder

Ursula Koeppen

Getwitter

Herr Meise sitzt in seinem Nest
hoch auf dem Baum
tief im Geäst
und denkt:
Ach, wie bin ich so allein,
wie gerne wäre ich zu Zweien!
Gleich zwitschert er so laut er kann,
fängt hundertmal von vorne an.
Ein Weibchen sollte ihn erhören,
will es mit Manneskraft betören.
Am Bachesrand sitzt Fräulein Meise,
schickt ihr Gezwitscher auf die Reise.
Denn auch sie ist so allein,
und, wie kann es anders sein,
sie denkt:
Ich wär' so gern zu Zweien!
Sie zwitschern beide hin und her
Bis dass des Einen Akku leer.
– Aus – Vorbei –
die Zwitscherei,
Herr Meise bleibt im Nest alleine,
Frau und Kinder zwitschern keine.

Elisabeth Laback (*1949)

Und sie war

Sie wurde und sie war und sie wurde
die Erde aus der ich schlüpfte der Kokon meine
    Puppe

meine Gebärerin, meine Mutter
sie wurde
sie war

sie wurde
das Wasser das mich ertränkte das Messer
    meine Würgerin

das Fremde, das Verschobene
sie war
sie wurde
und sie war.

Die zu Grabe getragene, die Mutter.

Und sie war.

Ioana Lamprecht (*1993)

Störung
(eine emotionale Bestandsaufnahme)

Was uns stört,
zerstör'n wir.

Wen wir nicht mögen,
verstör'n wir.

Das Fernsehbild ist gestört.
Das stört uns.

Wir werden gestört,
wir stör'n.

Bernhard Lauber (*1976)

Herbstlicher Abschiedsbesuch auf der Datscha

Wie lang kann man von Liebe tratschen?
Ich widme mich dem Thema „Datscha".
Ich sing' ein rustikales Lied
Vom herbstlichen Saisonabschied.
Jeder bringt „sein Land" ins Lot.
Mal salatgrün, mal himbeerrot
liegt auf Pflanzen Sonnenglanz.
Libellen drehen sich im Tanz.
Verbrannt wird altes Obstbaumholz.
Erfüllt von wahrem Bauernstolz
isst man genüsslich Maiskolben.
Hier – unter strahlenden Gewölben –
erholen sich zu Recht im Schatten
Heugabeln, Harken, Hacken, Spaten,
denn abgeräumt sind Treibhausgrotten.
Man knackt die letzten Erbsenschotten
und lauscht zu dem Apfelfall:
Zu viele Äpfel ... überall ...
Des Nachts ist Luft schon richtig rau ...
Zwar schimmert noch der Himmel blau,
doch lassen wir uns nicht mehr täuschen.
Der Herbst ist da: In Düften, in Geräuschen ...
Die Klimascherze kennen wir zu gut.
Am Sonntag fährt man heim. Mit Äpfeln und
    Wehmut ...

Evgenia V. Levina

Schicksal

Ein Freund war ihr gewogen,
besorgte ein paar Drogen.
Hat sich nicht lang geziert
und sie mal ausprobiert.

Es klärte sich ihr Blick,
verflogen alle Trübsal.
Wie war es doch so schick! –
Und nun ist's nur noch Schicksal …

Helmut Lindhorst (*1947)

Gott schuf die Welt, behaupten sie;
woher Gott aber, sagen nie
uns die Gelehrten; anfangslos
sei ewig er und zeitlos groß,
ganz Pneuma, unerschaffnes Licht,
unstofflich und dreieinig schlicht;
sein Reich ist nicht von dieser Welt,
die dennoch er zusammen hält,
die es zu überwinden gilt,
weltflüchtig und enthaltsam mild.
Dies Dogma ist schwer einzusehn!
Warum kann unbedingt bestehn
denn nicht der Stoff mitsamt der Zeit,
selbsttätig und als Kraft bereit
zu Wechselspiel und Werdegang
und lebensvollem Überschwang,
ein Sinngefüge eigner Art,
das unermüdlich sich bewahrt?
All diese Fragen noch und noch,
sie bleiben unauflöslich doch.

Das Ding an sich, das Unding das,
erwähnt man ohne Unterlass.
Was mag es letztlich aber sein?
Kraft? Energie? Oh nein, oh nein.
Unstofflich, unerfahrbar zwar,
sei doch es denkbar, deshalb wahr.

Statt unsrer Welt das Ding an sich,
nur leere Menge fürchterlich.
Zum Stein der Weisen wird gemacht
ein Trugschluss, fehlerhaft erdacht.
Das Ding an sich lockt ungemein,
drum fallen viele auch drauf rein.

Vera Märker

Unerfüllt

Traurigkeit ist in mir drin.
Komisch denken über Sinn
Und das Sein des Menschenlebens
Möcht etwas, und hoff vergebens.

Ebenda zu jener Zeit
War ich lüstern und bereit.
Meinen Körper gab ich hin.
Zu erforschen seinen Sinn.

Nun dasselbst es sich ergab,
Dass das Medium sich erbot
Mich zu lieben allemal
Und es füllte sich der Gral

Und es folgten Nacht und Nächte
Alles Heil'ge GlorienMächte
Ergriffen sich das Innen ganz
Es füllt mich aus, sein liebend Schw…

Was ich aber nicht bedacht
War die Sehnsucht, die erbracht.
Diese LiebhabLiaison
Die mir zeigte, was ich kann.

Und so sitz ich traurig da
Wie zuvor und allemal
Nun im Kopf und überall
Unerfüllt ein einz'ger Hall.

Benita Martin

Totenmesse

Der Abschied ist da.
Wehmut und Trauer.
Der Gesang der Engel
Begleitet die Seele,
In das himmlische Paradies.
Große Freude
Über dieses bessere Leben.
Der Gestorbene kehrt zurück
Zu seinem Ursprung.

Halleluja – Halleluja
Sagt Luna Christi dazu.

AMEN!

Klaus Heinrich Menne

Trost des Nachts

Durch Nebel Glocken wie von weit
Mit innig Wehmut zu dir klingen:
«Für jeden endet einst die Zeit –
Die Seele möcht nach Hause dringen.»

Den Kirchhof so durchschweifen still,
Ach, stimmt dich traurig; spür nur leise,
Wie Gott dich liebend trägt und will
Dich trösten – ewigsanft und weise.

Im Beten wohlig warm umhüllt;
Zwar einsam, matt vor lauter Sorgen,
Und doch – so heilig ruherfüllt,
In Seinen Armen tief geborgen …

Martin Messmer (*1968)

Erinnerungen ....

Erinnerungen sie prägen mein Leben,
damals täte Ich alles geben,
Geschwister wie sie im Buche stehen,
Ich, glaubte Ich würde euch Wiedersehen ......

Die Zeilen die Ich schrieb für Euch,
waren Hoffnung,
nur nicht für Euch!

Stein auf Stein setzten wir zusammen,
ihr ward Glücklich,
habt mich verraten .....

Doch die Hilfe die Ich euch gerne gab,
ist heute vergebens,
Ich bräuchte euren Rat!

Die Geldgier sie schreibt bei euch das Leben,
Ich, aber Ich kann euch vergeben!

Ruhm und Reichtum
brauche Ich nicht,
ich habe eine intakte Familie und ihr „NICHT".

Jessy Michl

Die Träne I & II

Die Träne I

Sie hat sich aus meinem Auge gestohlen,
unverhohlen, leicht, sie entweicht,
rinnt von dannen, wie eine Feder, so leicht.
Sie rinnt entlang, bang, sich zu verraten,
bang, dass sie den Augenblick, den zarten,
in ein Nichts zerteilt.

Die Träne II

Eine Träne weicht dem Auge,
diese salzig feuchte Lauge,
krabbelt dann die Wang entlang,
ein bisschen zaghaft, ein wenig bang,
biegt dann ab zur Ohrenmuschel,
wo in die Höhle sie sich kuschelt,
kitzelt somit den Besitzer,
der dann ausknipst ihre Lichter.

Ina Müller

Schönheit

Die Erde webt ihre blühende Pracht wie einen
    Teppich
in`s Sonnenlicht
Du erstrahlst darin wie eine Blüte,
die hierhin gehört
in das ewige
Sein.
Die Nächte, in denen Du im Kissen versinkst
zählen nicht zu den verlorenen Inseln
die Träume wandeln durch die Nacht.
In allen einzelnen Facetten steckt das Chlorophyll
des Lebens
der Aderschlag
in die Blätter gehaucht, die sanft sich bewegen,
wenn Du an mich denkst.
Grün.
Wir sind eingewebt in den Teppich des Seins
und ich klettere langsam empor in Deinen
    Himmel
zu staunen mit Dir
und zu lieben.
Schön.

Nadeshda Müller (*1971)

In die Stille gesprochen

Ich bin, ich bin, ich bin.
Es ist, was es ist.

Da – Sein.

Irmgard Naher-Schmidt

Die Muschel der Trinitas

In einer Schachtel.
In ihr: in einer Schachtel.
In ihr: in einer Schachtel. …

Dort suche das größte Geheimnis:
die *Cymbiola innexa*.

Und finde:

Neben Gleichem und zwischen Selbem
Auf dem Kalkflach
Unter glasiger Lasur

Zackend wie die weißen Flocken eines Kochs
Duftend wie das frische Brot mit Mandeln
Und saugend wie des Mengers Schwamm

In der Ordnung: das Dreieck.
In der Zeichnung: die Ewigkeit.
Im Malen aber: die Musik gebrochener Natur.

Wolfgang Neubauer (*1957)

Die Seele der Feder ...

Die Macht Deiner Liebe
hebt meine Seele wolkenwärts,
auf den Schwingen des Windes,
einer Feder gleich,
ohne Dorn, ohne Schmerz der Rose,
die immer erdgebunden.
Die Macht meiner Liebe
im Urstrom der Zeiten,
auf den Wogen des Windes,
engelsgleich,
findet die Deine in himmlischen Weiten,
erblüht in der Flamme,
erleuchtet die Nacht höchster Liebe,
auf ewig verbunden ...

Manuela Nickel (*1963)

Ins neue Jahr

Immer, wenn ein Jahr beginnt,
man nach Neuerungen sinnt.
Man macht Pläne, groß und klein.
Wann werden sie verwirklicht sein?
Voll Hoffnung geht man dann durchs Tor,
das Silvester uns öffnet mit lautem Chor
und die Wünsche wachsen zuhauf
an des neuen Jahres Lauf
und wenn sie nicht erfüllbar sind,
bleiben sie weiter unserer Wünsche Kind.

Elmar Oberkofler (*06.10.1931)

Weizen wird gesiebt!

Schon häuft sich Schuld und ungerechter Reichtum an.
Kraft reicht nicht aus, es kostet mehr als einer ertragen kann.
Kinder belogen und betrogen,
gesunde Strukturen verdreht, verbogen,
Eltern ihrer Rechte entzogen.
Die Erde unheilbar erkrankt, taumelt, schwankt, es kommt in Sicht,
dass ihr Gleichgewicht zerbricht.
Unmut macht sich breit.
An die Grenzen des Daseins getrieben, ist ein Mann zum Kampf bereit.
Wer geht voraus?
Reichen vernünftige Regeln nicht aus?
Nach neuen Führern wird gesucht,
am System gerüttelt, beschimpft, verflucht!
Zirkel der Gewalt,
ungerecht, grauenvoll, uralt.
Was ist Schuld?
Der Mensch wird gejagt, an die äußersten Grenzen seiner Geduld.
Kann jemand verstehn,
einer im Dunkeln den Ausweg sehn?

Wirst du im Herzen Liebe bewahren,
soll die Welt davon erfahren!
Wem es in Wahrheit gelingt sich selbstlos zu
    verlieren,
wird Menschen berühren, sie auf rechtem Weg
    führen!
Der Unrecht erträgt, überwindet, vergibt, sich
    besinnt,
schließlich den Kampf gewinnt!

Yvonne Okolie (*1970)

Herbst

Mit über sechzig neue Freunde finden?
Du stehst im Herbst: zieh dich warm an!
Es wird sich kaum noch jemand an dich binden,
hieß es, als ich in der Fremde neu begann:
einen alten Baum verpflanzt man nicht!
Aber selbst weit weg stieß ich auf
    Seelenverwandte,
und ohne dass man groß darüber spricht
sind sie gleich mehr als nur Bekannte.

Meine alten Freunde blieben mir treu,
neue gewann ich hinzu.
Zwar trennte sich der Weizen von der Spreu,
doch ich hab meine Seelenruh.

Die Luft ist klar und sehr erträglich –
ich freue mich unsäglich!

In Wärme wohlig geborgen
und in der Mitte des Lichts
verkrümeln sich die Sorgen.
Neue Kraft verdrängt das Nichts.

                    Dörthe Pahne (*1943)

Dem Zeichen der Zeit

Erinnerung Gottes über dem Fluss
überlebte ungeschliffen –
Rauch geschürter Krise
vom Winde verweht.

Ruhe in lichten Räumen,
ästhetische Besinnung,
heilige Beschaulichkeit.

Statt zerquetschter Plattigkeit
dritte Dimension sich erhebt,
die an Gott erinnert –
über dem Fluss der Zeit.

Rolf von Pander

Herbst

Zeit zum Loslassen
Zeit zum Fallenlassen
Zeit des Wandels
Zeit des Rückzugs

Zeit
kostbar

Bunte Farben
Nebelschwaden
runterkommen
Abschied
Ruhe

Herbst

Pashiba

Die Stille der Nacht

Die Stille der Nacht
ich lass sie herein,
öffne die Türen und lade sie ein,
bei einem Kaffee und Kerzenlicht
mit Stift und Papier ins neue Gedicht,
um in der Stille zu schöpfen leis und bedacht.

Das Leben um mich herum ist verstummt
und in dieser Ruhe liegt eine Kraft,
die dann aus mir sprudelt und kreativ schafft,
während die Welt im Schlafe liegt,
in mir die Wachsamkeit überwiegt
und höchstens mal eine Fliege summt.

Die Stille der Nacht
sie lädt mich ein,
immer wieder ihr Gast zu sein,
bietet verborgen mir ihren Platz,
ist und bleibt ein kostbarer Schatz,
während leuchtend der Mond vom Himmel lacht,
lautlos und schön aus der Stille der Nacht.

Martina Elisabeth Pössel (*1962)

Die Welt

Ist unten wirklich unten?
ist oben wirklich oben?
ist Erd' und Himmel verbunden?
laufen wir wirklich auf Boden?

Es gab den Urknall,
aber warum?
es gibt nur eine Erde überall,
sind wir Menschen eigentlich dumm?

Wird die Technik bald soweit sein?
wir denken nicht mehr an das Klima,
wir schalten Strom aus und ein,
gibt es bald eine Klima Firma?

Keiner denkt mehr an die Zukunft,
alle nur an das Geld
über die Auskunft
schon gar nicht über die Umwelt der Welt!

Es muss was passieren,
egal was,
Technik kann nicht die Welt regieren
und kaum Leute voller Hass!

Christina Petrie (*2001)

Frühlingsgefühle

Kalt und dunkel war das Leben,
das der Winter uns gegeben.
Ja, wer hätte das gedacht?
Nun hat er sich davongemacht.
Der Frühling ist nun der Regent
und ändert vieles ganz dezent.

Die Sonne lacht schon viele Stunden,
manch' Jogger drehet seine Runden.
Wärme hüllt uns kuschlig ein,
da will man nicht alleine sein.
Hand in Hand durchs Leben gehn,
das ist jetzt besonders schön!

Wenn die ersten Blumen sprießen,
kann draußen man sein Eis genießen.
Und ein Straßenmusikant
singt vom Strand mit weißem Sand.
Ja, warm und strahlend ist das Leben,
das der Frühling uns gegeben.

Inge Pietschmann

Mein Druck

Erwartungen zwingen mich zu Boden,
ungelogen, die anderen sind völlig abgehoben,
Realitäten verschoben,

Die Angst zu versagen,
kann die Laster nicht mehr tragen,
und bin zu schwach um zu klagen,

Alle Augen auf mich gerichtet,
Ängste unter Fassaden geschichtet.
Und doch haben sie meine Schwächen gesichtet,

Taste blind mit meiner Hand,
suche Halt und suche Land,
und spüre doch, ich steh am Rand.

Zitternd und nackt steh ich ängstlich dort,
wo bin ich zu Hause, an welchem Ort,
lasse mich fallen und dann bin ich fort.

Kann nicht funktionieren,
will das Feuer nicht mehr schüren,
nur eins will ich – endlich den Aufprall spüren.

Sandrah Pinegger (*1994)

Unvollständige Menschwerdung

Vor Jahren
war zu erfahren,
dass Vorfahren
Affen waren,
aber andre als heute,
die ihre Beute
mit List und Verstand
bis an den Rand
steiler Klippen trieben.
Die List im Verstand ist geblieben.
Und Klippen sind überall
für den nächsten Fall.

Frank Pohlheim

Glücksmomente

Glück liegt so oft in kleinen Dingen,
doch fällt es meist schwer, es zu sehen.
Manchmal will es uns nicht gelingen,
wir uns dann selbst im Wege stehen.

Ein kurzer Blick, ein nettes Wort,
ein Lächeln oder Kompliment,
geseh'n, gehört, schon ist es fort,
flüchtig – so wie der Moment.

Doch viele kleine Glücksmomente
können den Alltag still bereichern.
Nimm sie wahr, freu dich und denke:
„Diese Highlights muss ich speichern,
in trüben Tagen davon zehren.
So wird das Glück sich stetig mehren."

Die Suche nach dem großen Glück
lässt uns das kleine nicht erkennen.
Doch nimm vom Paradies ein Stück,
statt Träumen hinterher zu rennen.

Das große und das kleine
kommen dann ganz alleine.

Sylvia Rapp (*1960)

zwei Rosen

stets treibend dort lebt Hoffnung im Grün
zwei Rosen sind benannt
ein heilsamer Ort – Erkenntnis träumt kühn
Dreiwunschgeschmeid glänzt unerkannt

scheu wie ein Reh lauscht Sehnsucht im Wald
wie geschaffen dafür
halt inne, dann fleh – ihr Liebesschwur hallt
sanft öffnet nur Tür sich um Tür

weißleuchtend rein – ein Kreuz ziert ihr Dach
still geborgen im Moos
erzählen sie fein – tiefschlafend, hellwach
später Frühling bricht zärtlich los

was nicht gelang – Herzkummer wiegt schwer
vereint dahingestellt
ihr ist nimmer bang – vor wenig, gar mehr
Schicksalsbeschluss vom Sternenzelt

da blüht es nun – Treuzeugnis am Hang
sicher im Schutz der Zeit
will wachsen, will ruh'n im gleichsamen Klang
liebäugelnd mit Unsterblichkeit

Jutta Reisewitz (*1963)

Geheimnis

Wenn das Ufer, wo sie landen,
Die Gedanken einverstanden;
Wenn du triffst das Zauberwort
Und es singen Wald und Hort;
Wenn das Geld und all das Gut
Zeigt dein neuer goldner Hut;

Dann, mein Kind, pass auf, pass auf,
Welchen Weg du nimmst in Kauf!
Ob du wie die Alten singst
Und das Leben wieder bringst,
Oder ob du meinst zu frönen
Neuen, bessren, höhern Tönen.

Rilke-Engel

Verblendung

Wie ein Fluch legt die Verblendung,
die der Ehrgeiz nährt,
auf den Menschen die Belastung,
die den freien Geist verwehrt.

Die Abscheulichkeit der Habgier
jagt und hetzt nach mehr und mehr,
jede Mäßigkeit versagt hier,
wird zum Hohn des ruhelosen Hin-und-Her.

Seht in die gehetzten Augen,
die bang aus den Gesichtern starren,
rot umrandet, wie verätzt von Laugen,
sind das Menschen oder Narren?

Rastlos treten sie die Mühle,
auf die das Schicksal sie gespannt,
bis des Todes starre Kühle
ihre Tüchtigkeit verbannt.

Ruot (*1939)

Legt alle Waffen nieder, auch die
    Atombomben, für die Kinder dieser Welt

Wir wünschen uns doch alle Frieden auf
    Erden.
Warum gibt es dann auf dieser Welt Krieg und
    Totschlag?
Weinende Mütter, die ihre Kinder
blutüberströmt, das Gesicht
zerfetzt, tot vor sich liegen sehen.
Folter, unverständlicher Hass gegenüber
    Menschen.
Doch Ihr, die die Macht habt, dies zu
ändern, wollt nur das
Geld und die Macht, über die Menschen
und über unsere Welt.
Die Welt ist nicht mehr so schön, die Lüge
regiert die meisten
Menschen.
Unsere Welt regiert das Geld, denn die
Wahrheit bringt kein Geld.
Deshalb sind die meisten lieber blind und
überlassen dies den Kindern unserer
Welt.
Wir müssen uns dann auch nicht ändern
und keine Fehler zugeben.

Verzeiht Euch Eure Fehler, beginnt in
Wahrheit zu leben
und alles wird gut.

Monika Rothenbücher (*1966)

„Rückenwind"

Gib jedem Tag die Chance der Schönste deines
    Lebens zu werden …
hat einst einmal Mark Twain gesagt.
Und ich frag mich heimlich:
Was hat er sich wohl dabei gedacht?
Ich würde sagen, ich hab da nur ein Problem.
Ich bin zum einfachen Leben zu groß –
Und zum Sterben zu klein.
Und trotzdem bleib ich nicht immer am
    Boden.
Ich schwebe nach oben.
Ich schaue mir die Welt wie ein Vogel an.
Der einst standhaften Sehnsucht –
Fehlt im Himmel das Fundament,
Weil dort das Glück regiert –
Und alles Alte verbrennt.
Zumindest für einen kurzen Moment.
Hoch oben …
Dort wo die Engel toben …
Kann ich lachen und schreien …
Muss mich vor niemand erklären …
Und kann ganz ich selbst sein!
Ich weiß –
Für mich –
Das ich –
Alles schaffen kann!

Wenn ich …
Nur will.
Meine Stärke brüllt mich an.
Meine Schwäche ist still.
Ich fühle mich frei wie noch nie.
Und andre …
Schauen zu mir rauf!

Ich nehme das Leben entgegen,
Mit vollem Rückenwind und somit mit allem
    and'rem in Kauf!

Nathalie Rubenwolf (*1988)

Auf und ab

Ach, vor mir liegt nur auf dem Boden
Dürres Laub beim Aufwärts-Streben.
Bergab: mir vor's Gesicht gehoben
Frisches Wipfel-Grün von Bäumen,
Die unten an der Schroffe kleben.

Es braust von unten und von oben.
Es rauscht und raschelt im Vorübergeh'n.
Ich werde sanft vom Wind geschoben.
Die Augenlider schießen, träumen –
Hart am Abgrund bleib ich steh'n.

Klaus Ruland (*1942)

Mein Echo

In Himmels Tiefen
sah ich Augen, dunkel wie die Nacht,
die mich umschlangen:
In tiefer Sehnsucht nach ihnen
beugte ich meinen Kopf
krümmte meinen Rücken und ergab mich.
Doch kalt waren sie,
ohne Abstand sahen sie nicht.
Bis ich mich stark erhob,
um ihnen gescheitert entgegenzuschlagen.
Ich schlug in keiner Schwäche
auf das kalte Metall der Ignoranz
und zerbarst in tausend Stücke
Rot durch die Verschwommenheit des Bluts
sah ich meine Wunden reißen
und versuchte mich zu retten.
Kann ich mich retten?
Dunkel wie tiefe Wälder
braune Bäume, ohne Wald
dunkle, satte Erde.
Auf die ich mich nicht legen kann.
Auf die ich mich nie legen werde.
Denn die Zeit ist aus,

niemals zurückkehrend
unaufhaltsam im Strom
mein Echo.

Lara Schadde (*17.05.1997)

gespräch

verquert hat es sich das wort das
sich festsaugt an meiner zunge sich
auf und abbaut am
speichel sich betrinkt mit
körpersäften verkehrt willlüstig die
beine breit macht für den spagat von
meinem seelenzipfel zu deinem blick am
anderen ende des tisches dein
ohr unter den wortröcken haftet
an venus und muschel zarte
fäden das netz löst
das rätsel

Cornelia Schäfer

Indianisches Lied

Dort an den Ufern
Des Titicaca
Grub in den Sand ich
Den lieben Namen
Da kam der Wind und
Kamen die Wellen
Und löschten aus
Was ich da geschrieben

Dort an den Ufern
Des Titicaca
Grub in die Steine
Ich deinen Namen
Winde und Wellen
Löschten die Linien
Von deinem Namen
Ist nichts geblieben.

Hans-Wilhelm Schäfer

Quo vadis?

Ich Kopffüßer
stehe zu Fuß
und entdecke
meine Welten neu
auf einmal
blieb alles stehen
zu Kopfes Fuß
nichts drehte sich mehr
immer wieder
spürte dem tiefen Grund
der Grundlosigkeit nach
abgrundtief
was nun
wenn nicht das Ziel
und auch nicht der Weg
das Ziel wären
sondern spaßeshalber
der Spaß am Weg ohne Ziel?
Ich Kopffüßer
stehe zu Kopf
und entdecke
meine Welten neu …!

Walter Schaller (*1960)

Auf einer grünen Wiese

Auf einer grünen Wiese,
da traf ich meine Liebe,
am Waldes Rand ein Bach leis rauschte,
als sie zu lange auf mich schaute.

Fünf Freunde waren wir, wohl ohne Frage,
das Zelt stand da für ein paar Tage
und Wald und Flur in voller Sommerpracht
und über uns die Sternen Nacht.

Am ersten Tag kam sie zu zweit,
dann jeden Tag zur gleichen Zeit,
erblickte mich und ging vorbei,
so, als sei's ihr einerlei.

So ging es ein paar Tage lang,
ich faßte Mut und sprach sie an,
verlegen nahm sie meine Hand
und nahm mich mit zum Waldes Rand.

Sie sprach von Glück und Seelen Ruh,
der erste Kuß ... das erste Du,
in meinen Armen süß und sechzehn Jahr,
grüne Augen ... blondes Haar.

Alfred Ernst Schmitt

Aufbruch

Mit trunkenem Flügelschlag
verlasse ich den Tag.
Langsamer dreht sich
das Rad der Zeit.
Aus dem Dämmer löst sich Helle,
aus der Nacht Geborgenheit.
Jenes Flüstern,
ich hör' es von Ferne.
In den Wogen versinken
die Zeichen und Sterne.
Die schwarze Taube
wandelt sich in Weiß.
Auf die Geburt zu
hinkt ein sterbender Greis.
Der Vogel hat Blut verloren,
daraus ward die Sonne geboren.
Und dann dreh' ich
erstmals meine Runde
um das Echo
jener frühen Stunde.

Clara Schobesberger (*1958)

Licht des Nordens

Das Licht des Nordens zog mich magisch an,
geheimnisvolle Farben ließen meine Seele schwingen,
pastell, doch intensiv, die meine Seele zart umfingen.
Ich denke oft in meinen Träumen noch zurück,
an Reisen in den Norden, an das stille Glück,
als ich die große Stadt im Norden, Petersburg, erlebte
und ihre weißen Nächte, als mein Herz erbebte.
Das Licht des Nordens schlug mich ganz in seinen Bann.

Das Licht des Nordens ließ mich nie mehr los,
von Schiffen träumte ich, von Schären und von Fjorden.
Der Traum erfüllte sich, wir fuhren in den Norden,
die Trollfjord trug uns auf der Hurtigrutenfahrt
Norwegens Küste hoch, in Bergen war der Start.
Hinauf zum Nordkap, in des Eismeers große Weiten:
Mitternachtssonne durfte uns bei Tag und Nacht begleiten.

Das Licht des Nordens war in lichten Nächten
    groß.

Das Licht des Nordens tauchte mich in seinen
    Zauber ein.
Ich stand auf Deck allein, mein Blick verloren
am Horizont, wo Land und Wasser aus dem
    Licht geboren
sich schimmernd zu vereinen schienen,
wo bunte Häuschen als Kulisse dienen
für ein Naturschauspiel, das sich entfaltet,
mit Sinn und Harmonie das Leben neu
    gestaltet:
Das Licht des Nordens wärmt mich tief mit
    seinem Schein.

Eckehard Schöll

Der gute Wetterwind

Ich freute mich gerade
am schönen blauen Himmel,
da flog die Fledermaus
in mich hinein,
hängte sich ein
und fraß meinen Frieden
und schlürfte meine Ruh.
Meine Gedanken füllten sich
aus der Furcht vor morgen
mit quälenden Sorgen.

Da schrillte das Telefon.
Was ich jetzt hörte - -!

Ich setzte mich geschwind.
Mich peitschte der Wetterwind.
Du ergabst dich der Angst,
was einmal wird,
jetzt hörtest du, was ist!
Und, dass du gut dran bist!,
peitschte er zuerst mich,
dann die Fledermaus
aus mir heraus.

Tat der Wind mir jetzt gut!
Ich bin wieder in mir.
Sitz wieder am Schimmel
und schau in den Himmel.

Herma Schotkovsky-Storfer

April

Die Wolken, die da ziehen
Wenn ich zum Himmel schau'
Wovor sie dort wohl fliehen?
Sie sind mal weiß, mal grau

Wenn sich die Wolken jagen
Gibt's Regen, gibt's dann Eis?
Konnt' mir noch keiner sagen,
Wie dieses Wetter heißt

Die Blümlein, die da blühen
Im Sommersonnenschein
Und alle sich bemühen,
Das Schönste hier zu sein

Der Schnee ummantelt diese
Es ist auf einmal still
Auf der nun weißen Wiese
April macht, was er will

Danielle Schuman (*1997)

Tropfen der Geschichte

Tropfen der Geschichte
Fallen sanft an manchen Tagen,
Sammeln auf
Ein Meer von Fragen.

Tropfen der Geschichte
Prasseln plötzlich hernieder,
Sammeln zum Sturzbach sich und lassen
    zurück
Nur das Echo der Klagelieder.

Tropfen der Geschichte
Versickern im blutigen Gras.
Verdeckt sind die Leiber, ihre Befehle,
Das Grauen ohne Maß.

Tropfen der Geschichte
Schwingen sanft im Flügelschlag,
Unbemerkt weht bis heute ein Hauch
Vom einst unbedeutenden Tag.

Tropfen der Geschichte:
Botschaften, verschlüsselt und schwer,
Quellen heraus – zu erkennen, zu schauen! –
Voll Wissen und Mehr.

Tropfen der Geschichte
Perlen auf Hut, auf Fes, auf Kippa und Mütze.
Die Wolken des Himmels
Allen Menschen ein göttlicher Schütze!

Ralf D. Sobottka (*1960)

Innehalten

Dem allgegenwärtigen Kraftfeld
der rastlos tickenden Chrono-
meter sich entziehen:
die Pause, den Sabbat
und den Feierabend heiligen!

Den Rhythmus deines Atems
spüren. Das Pochen
deines Herzens entdecken.

Deine Tränen weinen.
Deine Wut in den Räumen
deiner Seele durchwüten.
Die darunter aufstöhnenden
Schmerzen durchleiden.
Schlussendlich deine Furcht
durchfürchten – ohne in das Hamsterrad
der Gedanken zu entfliehen.

Da wandelt der innere Gott
deinen Schmerz in Stille.
Wandelt deine Klage
in Dank. Wandelt
deine Furcht
in Vertrauen und Courage!

Und es lacht dich öster-
liches Lachen!

> *August Sonnenfisch (6. Januar 2011)*

Traumhaft

Traumhaft schöne Engelsgestalten
lösten einen Wolkenbruch aus,
Wasser drang durch Mauerwerksspalten,
nass und nasser wurde das Haus.

„Pfusch am Bau!", erklärte die Truhe.
„Klimawandel!", meinte das Buch.
„Strafe Gottes!", glaubten die Schuhe.
Ich derweil besorgte ein Tuch,

sprach die Formel: „Bodentuch tauche
supersaugstark fusselfrei ein,
saug sie auf, die stinkende Jauche!"
Nichts geschah, das Tuch sagte Nein.

„Schlechte Zeiten wechseln mit guten",
dachte ich und tanzte Ballett,
planschte, spritzte, teilte die Fluten,
musste mal und machte ins Bett.

Wolf Spickmann (*1943)

Neue Stille

Sieh, es ist still
sprach er und lauschte dem stillen Wohlklang
unausgesprochener Worte
in die Stille hinein
und sie sah, hörte und spürte die Stille
die ausging von ihm
weil er sie geschaffen hatte
Worte, die ankündigten was nicht kam,
was nicht zu hören war

Oh welch eine Wohltat
in all dem Lärm,
in all dem Trubel,
in all der Unterhaltung
zu hören auf die Stille
sich ihr hinzugeben
andächtig, denn begrenzt

Worte brechen sie
Worte des Dankes
Auch Dank zerstört die Stille

Stille in der Stille zu halten ist ihr mehr Dank,
sprach er
und sie schwieg nur stille und nickte andächtig
mit ihrem kleinen Köpfchen

ja, dachte er sich, sie würde es noch lernen,
zu schweigen, wenn andere laut waren
still zu sein
um zu hören
was andere abtaten, aber in Wirklichkeit nicht
mehr hören konnten
Taub vom Zerschneiden der Stille durch
schrille Worte

Jasmin Sreball (*1973)

Danke Christopher

Das Leben hat uns ein Geschenk gemacht,
es hat uns zueinander gebracht.
Ich lernte dich kennen und wir uns lieben,
die Sterne und unsere Augen leuchten vor
    Freude.

Wenn ich dir in die Augen schaue,
blicke ich jedes Mal direkt in dein reines Herz.
Und wenn ich weine,
nimmst du mich in den Arm und damit den
    restlichen Schmerz.

Du liebst mich, akzeptierst mich so wie ich bin.
Du gibst mir Raum und ich dir all meine Liebe.
Du hältst mich. Du trägst mich. Du führst
    mich.
Ich halte dich. Ich trage dich. Ich liebe dich.
    Danke.

Naomi Stromeyer (*1994)

dämmerung und morgentisch

hülle mich in schwindenden hauch des lächelns
    so güldener morgenröte
und höre noch dein sanftes umarmen beider
    schultern
aus dem äther unseres nächtlichen abenteuers
und wiege mich im widerstreit des tagbeginns
denn auch ich verweile in den eben
    verlassenen schatten
falte den taugetünchten traum zu servietten
als die tassen mit darjeelingduftender
    morgensonne gefüllt
spiegle silberblitzen des bestecks in bangen
    augenwinkeln
brotkorb ei und obst – fruchtiges sehnen
    brustsprengend
doch du elfe bist nicht mit in diesen
    traumvollen tag getreten
lässt gegenüber hinterm morgenlicht alles leer
    und dunkel

Hanspeter Suwe (*1948)

Meine Freiheit beginnt im Kopf
Kann auf Gedankenreise gehen
Brauche kein Visum keinen Pass
Um ferne Welten nah zu sehen
Reise schwebend durch Raum und Zeit
Ohne Plan und Karten
Als Navigator dient mein Geist
Muß auf keinem Bahnhof warten
Da ist kein Passwort und kein Netz
Ohne jegliche Kontrollen
Gedanken als Gefahrengut
Habe nichts zu verzollen
Gedankenreisen bieten viel
Sie sind unentbehrlich
Führen auf Umwegen zum Ziel
Oftmals unerklärlich
Und bin ich angekommen
Kann alles anders sein
Vielleicht nur in Gedanken
Realität als schöner Schein

Andrea Szlamenka (*1959)

Tag der Frau

Noch ist alles still
draußen wie drinnen
noch ist alles möglich
in meinen Händen der Tag

Was wird er mir bringen?
Sein Name ist Sonntag
der Tag des Herrn
Auch mein Tag?
Der Tag der Frau?

Ich kann ihn bewusst
gestalten
oder vor mich hin
dümpeln

manchmal ist dümpeln
schön
manchmal
gefährlich

Ich habe die Wahl
Noch ist alles still
Vieles möglich

Verena Uetz-Manser (*1937)

Ruf nach Frieden

Wer aufs Neue geboren wird
Der schaut nicht nach vorn
Und auch nicht mehr zurück
Von lebendigen Augenblicken
Leicht berührt und ganz entzückt
Mit gegenwärtigem Tage geschmückt
Stolper-, stolper- in die Sekunden hinein
Voller Freude am Sein
Gottes herrliche Schöpfung ist auch Dein
Unter dem Himmel ist keiner wirklich
Allein
Tanzen, tanzen um den bunten
Christbaum
Singen, singen, frohe Weihnachtslieder
Doch
Bewegungslos und matt sind die Glieder
Seitdem Kriege Ängste wälzen
Sterben durch Bomben Kinder
Im Schmerz heiß und tief
Die trockne Kehle
Nach Frieden rief.

Maria Ullmann

Der Wald

Tausend Jahre steht er dort,
bietet Schutz und will nicht fort.
Hält seine Blätter in den Wind,
gibt somit Atem meinem Kind.

Ich, als Mensch, der viel mehr weiß,
trenn' Gut und Böse, kalt und heiß.
Bereite ihm und seinen Kindern
die Motorsäge, wer kann's verhindern?

Roberto Va Calvo

Zu spät

Hab manche Frage nie gefragt,
und manche Worte nie gesagt,
weil ich es einfach nicht gewagt,
das, was ich sagen wollt, zu sagen
und einiges zu hinterfragen.
Hab viel im Leben nur geträumt
und vieles dadurch auch versäumt,
weil ich mir diese graue Welt
in meinen Träumen anders vorgestellt.
Hab manches Mal zu spät bemerkt,
dass man mich nur benutzte
und manche sich mit meinem Werk
dann ihre Orden putzten.
Nun ist's zu spät! Mir ist's auch gleich –
mein Weg geht bald zu Ende.
Und das, was wirklich ich gewollt
beenden – vielleicht – and're Hände.
Nur eine Bitte hab ich noch,
bevor der Deckel fällt:
Schraubt eure Ziele nicht zu hoch
und jagt nicht nur nach Geld.
Genießt das Leben jeden Tag
von Herzen – und bewusst!
Denn nur wer wirklich *Leben mag,*
hat auch am *Leben Lust.*

Wilhelm Wachhorst (*1927)

Nur Mut!

Auch, wenn der Himmel
noch so düster,
die Wolke weint
und nirgendwo die Sonne scheint,
dann musst Du trotzdem
mit Lachen und Singen
die trostlosen Stunden
zum Strahlen bringen.

Auch wenn Du denkst, es geht nicht mehr,
kommt doch von irgendwo ein Lichtlein her,
das Dich stärkt und gibt Dir Kraft.
Aber ohne wirklich zu wollen,
hättest Du es auch nicht geschafft.

Wir brauchen einander,
denn auch im unwegsamsten Gelände
reichen wir uns getrost die Hände,
und weiter geht es ohne Stopp
in ganz beglückendem Galopp.

Also, fangen wir erst einmal an,
und dann geht es
ran, ran, ran!!!

Edda Waimann

Zerrissen

Getrieben von Sehnsucht
Für einen Menschen
Schlägt mein Herz.
Früh morgens,
Spät abends,
Immer den gleichen Terz.

Mein Kopf sagt dagegen,
In Freiheit zu leben,
Ist das höchste Gut.
Ob alt,
Ob jung,
Man braucht nur etwas Mut.

Möcht' niemals mich binden
Und bin doch gefesselt,
Weiß nicht, was ich will.
Denn wenn ich ihn seh',
Hab ich weiche Knie
Und mein Verstand steht still.

Helga Mathilde Walther (*1961)

Strenger Winter

Weitläufiges Weiß gepaart mit Eiseskälte.
Letztes Grün entflieht in Bälde.
Abschiedslied auf der Gitarre.
Mensch und Tier übt Totenstarre.
Herzen bleiben fest verschlossen.
Nur der Optimist denkt unverdrossen

an die schönen Sommersprossen.

Harry Weigand (*1947)

Der Geist der Zeiten

Droben auf dem Berg Olympus
Die nocturna Ruh gesessen.
Haben auch die göttlich Eltern
Altes Wissen neu vergessen?

Doch Minervas Zorn wird hallen!
Oh welche Gabe, welche Pein!
Trotz der Göttin Kraft, zerschallen
Auch alte Fakten an Gestein.

Doch noch stehen Ignotus Schriften
Gar ungelesen irgendwo,
Unentdeckt und ganz zerschunden,
So findet sie und werdet froh!

Die Universalia sind längst erdacht,
Zu alten Zeiten ist's geschehen,
Das Weisheitsfeuer angefacht,
So lasset uns dies Wissen sehen!

Das Geheimnis zu erkennen,
Vermag nur der, der beides kann:
Zweifel niemals zu verbrennen,
Und zu entsagen jedem Bann!

Janik Weiß

Der Schatten

Du läufst der Sonne entgegen,
Sonne ist Wärme, Sonne ist Leben.
Alleine bist du jedoch nicht
dein Schatten begleitet dich, ob du's willst oder nicht

Er gehört zu dir, er ist dein
Und ein Jeder hat den Sein'
Er ist wie ein Freund
geduldig, folgsam, so nah wie kein!

Auch wenn die Nacht ihn verschwinden lässt
es braucht nur den Mond, eine Lampe, ein Licht
Er ist sofort wieder da ...
Dein treuer Freund ohne Gesicht!

Rini Widmer (*1940)

Herbst!

Über Tal und Auen löst sich Nebel auf,
im Osten steigt empor die Sonne
und beginnt ihren Tageslauf.
Schickt ihre Strahlen über Bäume
auf bunte Blätter ohne Zahl,
welche sind die schönsten,
es gibt viele Farben allzumal.

In einem Spinnennetz Tautropfen glänzen,
als seinen sie ein Diamant.
Über all dieser Naturschönheit
sich der blaue Himmel spannt.
Innehalten von der Hetze
die uns Menschen immer treibt.
Durchatmen und genießen,
damit ein Wohlbefinden bleibt.

Kraniche in Formationen
laut rufend gen Süden fliegen.
Es ist zu hoffen,
dass uns dieser schöne Herbst
noch recht lange ist beschieden.

Ingrid Wrigge (*1943)

Das Schicksal

Zwischen Hoffnung und Verzweiflung
nur ein paar Schritte liegen.
Die Worte einer Dritten schwer wiegen
Ein paar Sekunden nur,
von Hoffnung keine Spur.
ein Schimmer Hoffnung weilt doch,
wie lange noch, wie lange noch?

Warum

Warum?
Hässlich ist die Welt
wie ein Schlachtfeld
die Liebe ist zu Asche vernichtet,
leuchtet nur kurz und schnell auf,
die Menschheit hat auf das Glück
verzichtet,
das Glück und die Liebe sind zum
Verkauf.

Wo und wann soll das enden?
Die Erde zersprengen?
Oder sich wenden,
den Hass verdrängen ...

Annbritt Zimmer

Herbst

Ich gehe durch die Allee,
Die Blätter sagen den Bäumen Ade,
Sie verfärben sich zu gelb, orange und rot,
welch ein Anblick sich da dem Mensch bot.
Der Herbst kommt, der Sommer schleicht davon,
Sehnsucht nach der Frische hatten wir jetzt schon.
Der Wind bläst stärker um das Ohr,
die Vögel Kinder lernen fliegen und steigen empor.
Es fängt das Regnen an und plätschert hinab,
Der Herbst hält uns alle auf Trapp.
Die Jahreszeiten zu erleben, ist einfach herrlich,
über alles Trübsal zu blasen, sehr beschwerlich.
Genießt das Leben, man hat nur dieses Eine.
Genau in der Jahreszeit werden Trauben
geerntet für die Weine.
Schöne Herbsttage, lasst es euch gut gehen
und bald wird der Winter vor der Türe stehen.

Lena Zischka

Inhalt

Afra:
Vor dem Ziel! 5

Aurelia:
Lebens-Kunst im multimedialen Zeitalter 6

Barbara Auer-Trunz:
Geigen der Hoffnung 7

Anne Beck:
Mein Frühling 9

Gudrun Beckmann-Kircher:
Treibgut 10

Urte Behnsen:
Psalm 11

Ferdinand Paul Bigos:
Thi 12

Klaus K.T. Bitterauf:
Bald kommt der Herbst 13

Lenya Blutmond:
Donau 14

Günter Bucher:
Schlaf 15

Joseph Buhl:
Hell 16

Rebecca Burgmann:
Ohne ein Wort 17

Petra Conte-Sansi:
Der Traum vom Meer 18

Renate Dalaun:
Zweistimmig 19

Anita Dickhaeuser:
Herbst 20

Manuela Dietze:
Alle Jahre wieder 21

Jasmin Düringer:
Ob schön oder schlecht 22

Al Dutkon:
Die offene Tür 23

Linus Ehle:
Nun steh ich hier, ich armer Thor 25

Martin O. Ehrler:
Atemberaubendes 26

Inge Alice Fabricius-Glahé:
Abendglühen 27

Peter Felix:
Heimkehr 28

Elfriede Galwas:
Warum ist alles so? Warum nicht anders? 29

Birgit Gessner:
Liebeszauber 30

Richmuth Görz:
Das Taubenwunder 31

Sigurd Göttlicher:
Zuneigung & Der Katalog 32

Wolfgang Gregorszewski:
Erotik 33

Michaela Gsenger:
Finsternis 35

Arno Häcker:
Ein Tag im Leben 36

Anneliese Haderer:
A b s c h i e d 37

Jens Hamprecht:
Alles ist menschlich?! 38

Christiane Harder:
Herzschmerz 39

Marianne Hartwig:
Immer wieder 40

Elisabeth Haselmeyer:
Schicksalsjahre einer „Lizzy" 41

Marion Hensel:
Zeit des Horchens 42

Anni Hermann:
Herbstimpressionen 43

Rainer Hesse:
In memoriam 45

Jennifer Heyna:
Der Rausch 46

volker hofmann:
wiedersehen 47

Gisela Höft:
Flüchtlingsblut 48

Stefanie Holzberger:
Schreckliche Herbstnacht 50

Karin Jahr:
auch wenn es heute wieder 51

Natunika Melina Jarow:
Stern der Ewigkeit 52

Marianne Kesselring:
Letzter Flug im September 53

Renate Kindel:
Johannisnacht 54

Christine Koeniger:
Abschied vom Vater 55

Ursula Koeppen:
frau in Afrika 57

Elisabeth Laback:
Gewitter 58

Ioana Lamprecht:
Und sie war 59

Bernhard Lauber:
Störung 60

Evgenia V. Levina:
Herbstlicher Abschiedsbesuch auf der Datscha 61

Helmut Lindhorst:
Schicksal 62

Vera Märker:
Gott schuf die Welt & Das Ding an sich 63

Benita Martin:
Unerfüllt 65

Klaus Heinrich Menne:
Totenmesse... 67

Martin Messmer:
Trost des Nachts... 68

Jessy Michl:
Erinnerungen... 69

Ina Müller:
Die Träne I & II 70

Nadeshda Müller:
Schönheit 71

Irmgard Naher-Schmidt:
In die Stille gesprochen 72

Wolfgang Neubauer:
Die Muschel der Trinitas 73

Manuela Nickel:
Die Seele der Feder 74

Elmar Oberkofler:
Ins neue Jahr... 75

Yvonne Okolie:
Weizen wird gesiebt! 76

Dörthe Pahne:
Herbst 78

Rolf von Pander:
Dem Zeichen der Zeit 79

Pashiba:
Herbst 80

Martina Elisabeth Pössel:
Die Stille der Nacht 81

Christina Petrie:
Die Welt 82

Inge Pietschmann:
Frühlingsgefühle 83

Sandrah Pinegger:
Mein Druck 84

Frank Pohlheim:
Unvollständige Menschwerdung 85

Sylvia Rapp:
Glücksmomente 86

Jutta Reisewitz:
zwei Rosen 87

Rilke-Engel:
Geheimnis 88

Ruot:
Verblendung 89

Monika Rothenbücher:
Legt alle Waffen nieder 90

Nathalie Rubenwolf:
"Rückenwind" 92

Klaus Ruland:
Auf und ab 94

Lara Schadde:
Mein Echo 95

Cornelia Schäfer:
gespräch 97

Hans-Wilhelm Schäfer:
Indianisches Lied 98

Walter Schaller:
Quo vadis? 99

Alfred Ernst Schmitt:
Auf einer grünen Wiese 100

Clara Schobesberger:
Aufbruch 101

Eckehard Schöll:
Licht des Nordens 102

Herma Schotkovsky-Storfer:
Der gute Wetterwind 104

Danielle Schuman:
April *106*

Ralf D. Sobottka:
Tropfen der Geschichte *107*

August Sonnenfisch:
Innehalten *109*

Wolf Spickmann:
Traumhaft *111*

Jasmin Sreball:
Neue Stille *112*

Naomi Stromeyer:
Danke Christopher *114*

Hanspeter Suwe:
dämmerung und morgentisch *115*

Andrea Szlamenka:
Meine Freiheit beginnt im Kopf *116*

Verena Uetz-Manser:
Tag der Frau *117*

Maria Ullmann:
Ruf nach Frieden *118*

Roberto Va Calvo:
Der Wald *119*

Wilhelm Wachhorst:
Zu spät 120

Edda Waimann:
Nur Mut! 121

Helga Mathilde Walther:
Zerrissen 122

Harry Weigand:
Strenger Winter 123

Janik Weiß:
Der Geist der Zeiten 124

Rini Widmer:
Der Schatten 125

Ingrid Wrigge:
Herbst! 126

Annbritt Zimmer:
Das Schicksal & Warum 127

Lena Zischka:
Herbst 128